港島街道百年

鄭寶鴻編著

責任編輯　李　安
封面設計　陳曦成
協　　力　寧礎鋒

系　　列　香港經典系列
書　　名　港島街道百年
編　　著　鄭寶鴻
出版發行　三聯書店（香港）有限公司
香港北角英皇道 499 號北角工業大廈 20 樓
Joint Publishing（H.K.）Co., Ltd.
20/F., North Point Industrial Building,
499 King's Road, North Point, Hong Kong
發　　行　香港聯合書刊物流有限公司
香港新界大埔汀麗路 36 號 3 字樓
印　　刷　中華商務彩色印刷有限公司
香港新界大埔汀麗路 36 號 14 字樓
版　　次　2000 年 1 月香港第一版第一次印刷
2012 年 6 月香港第二版第一次印刷
2012 年 11 月香港第二版第二次印刷
規　　格　大 32 開（140×200mm）104 面
國際書號　ISBN 978-962-04-3237-8

謹以此書
獻與
我摯愛的賢妻

彭麗琼女士

多年來
我倆艱苦經營、休戚與共
惜她卻不能分享奮鬥的成果
誠為最大的憾事

序言

十九世紀中葉所發明的攝影術，使人們能夠把人、事和物的一瞬間保存下來。雖然光陰仍然不停的溜走，但我們似乎可以把特定的「時間」留住，起碼，可以留下若干的「痕跡」。通過照片，我們可以重溫往昔的某個生活片段，可以看到從未謀面的人，也可以涉足未曾生活過的時空。

香港早在十九世紀中、後期已是遠東的大商埠，是通往內地的大門，往來商旅頻繁。故此在攝影術發明後不久，便有不少知名的專業攝影師，取道香港到大陸獵影。因利乘便，他們也拍攝了不少捕捉香港城市面貌的照片。未幾，本地影樓應運而生，除了人像攝影外，還攝製了大量風景照片及印製明信片。通過這些不同時期攝製的照片和明信片，我們可以看到香港城市發展的變化，這包括移山、填海，舊的較矮的建築被更新更高的大廈所取代，城市生活在衣、食、住、行各方面的蛻變，以至某些歷史事件或慶典的出現，如風災、火災、疫症、維多利亞女皇登基鑽禧紀念、歐戰和平紀念、愛德華七世登基、喬治五世登基等等。毫無疑問，這些都是香港發展的珍貴圖象紀錄。

相對於世界上其他城市，香港發展的步伐是驚人的。物換星移，滄海桑田，今天的香港人有多少個知道中環德輔道原來是海濱？灣仔的海堤原來在莊士敦道？香港開築的第一條馬路是哪一條？金鐘一帶原來是兵房，並且長期是中環與灣仔區之間的樽頸？堅拿道原來是一條通向港海的小河川？灣仔石水渠街原來真是一條大水渠？維多利亞公園原來是避風塘？摩利臣山、利園山何以不再是山？黃埔船塢原來不在紅磡？干德道、寶雲道原來是引水道等等。鄭寶鴻先生的《港島街道百年》正好為上述問題提供了答案。

鄭先生是本港資深的錢幣和郵票收藏家，已有多本專著面世，近年來專注於香港舊照片和明信片的研究，用力頗深。鄭氏久居中環，對中、上環地區舊貌及掌故稔熟，復翻查第一手原始資料，反覆考證，此本書正是他的研究工作的心血結晶，可喜可賀。欲回顧香港在十九世紀及二十世紀的發展，我向讀者誠意推薦這本《港島街道百年》。

丁新豹謹識

2000 年 1 月 4 日

目錄

1 佔領角、荷李活道與政府山

一八四一年一月二十六日，英軍沿着港島西區一條小路，登上一座小山崗，在那裡升起了第一面英國國旗，宣告香港島為英國的屬土。這條小路後來建成為波些臣街（Possession Street），即日後的水坑口街；小山崗則稱為佔領角（Possession Point）。一八九零年，港府重新發展佔領角，在該處興建了一百二十五個磚砌的攤檔，以公開方式競投，用作各式貨物之販賣，如衣服、火柴、香煙、藥物及古董雜架等，故有「大笪地」之稱，其位置即現今荷李活道公園的所在。

1925 年的荷李活道近城隍街，商店林立。

為了連接佔領角和西營盤軍營（太平山區以西）、域多利軍營及威靈頓軍營（花園道以東），港府於一八四一年建成了第一條街道，它與佔領角的高度平衡，由於那一帶遍植冬青樹（Hollywood），因而被命名為荷李活道。一八四五年，香港的第一所警署，便是在佔領角附近的山坡上興建的，即今日差館上街的所在。約一八四二年，荷李活道興建了一所文武廟，成為當時華人遇到紛爭時的一個仲裁場所，奉行「斬雞頭、燒黃紙」等「宣誓」儀式，因此荷李活道又名文武廟直街。

當時的行政中心，則設在域多利軍營以西地段，即一八四一年開鑿的花園道、上亞厘畢道、義律谷（後稱忌連拿利）、雪廠街以及炮台里（這些道路圍繞的一帶山坡，當時稱為政府山）。山上建有郵政局（一八四一年）、聖約翰教堂（一八四九年）、會督府（約一八五零年）、輔政司署（一八五零年）及港督府（一八五五年）等建築物。

20 世紀初的荷李活道。

約 1880 年的皇后大道西。圖右中間樹叢圍繞的部分為位於荷李活道的「佔領角」。1890 年，政府重新發展佔領角，改為華人的消遣休憩場所「大笪地」。

約 1950 年的「大笪地」，以星相館、影相舖及理髮店雲集而著名。空地上，入夜後有不少江湖賣藝表演，為香港區早期的「平民夜總會」。

皇后大道中與文咸東街交界，由皇后大道西向東望，約攝於 1905 年。圖右酒莊的右鄰為著名的茶樓「武彝仙館」，1920 年代中改名為「富隆」。由於這一帶接近水坑口，故有煙花之地的餘韻。

1960 年代的水坑口街，兩旁的店舖是麻雀學校、花店、疋頭店及茶居。圖左舊樓的走馬騎樓仍可見昔日秦樓楚館的遺風。

從木球會（現遮打花園）望政府山。圖左是聖約翰教堂、俄羅斯領事館及大會堂。背後為位於上亞厘畢道的港督府。

由雅賓利道向下望的上亞厘畢道，約攝於 1910 年代。圖左是供政府公務員居住的雅賓利宿舍，圖右是「兵頭花園」。背景處為位於上亞厘畢道的港督府。

1880 年代末的寶靈海旁中。從右起可見的橫街依次為中國街（約 1970 年改名為萬宜里）、砵甸乍街、利源西街、利源東街及德忌利士巷。在砵甸乍街與利源西街間的是當時著名的「維多利亞酒店」。1950 年代中，另有一同名的酒店位於中區的泄蘭街。

2 皇后大道與半山的街道

安頓好軍政機關的交通網後，港府開始着手城市的建設計劃，範圍包括太平山北端面向維多利亞港約四英里的地帶，東至東角，西至西營盤軍營。而一條根據原來的環海小徑開鑿而來，以貫通東西的大馬路——皇后大道（以當時的英女皇維多利亞命名），於焉興建。

這次築路工程浩大，動用了大批的人力、物力，原因是當局將闢路得來的沙泥石塊倒入海中，同時進行開埠以來第一次的填海工程。一八四二年三月，皇后大道新建完成，而皇后大道延伸至德輔道（一八九零年代前稱為海旁道或寶靈海旁道）的一片新填地，不久亦告形成。而在完工以前，即一八四一年六月十四日，港府已推出四十幅土地進行拍賣（只賣掉三十多幅），大部分就是集中在中區新填地一帶（其他在春園、東角）。它們多附有一百呎的領海權，以供興建碼頭之用。

由於港島山巒起伏，所以開闢通往半山或橫互半山的道路勢所難免。一八四一年，在荷李活道與新填地之間的山坡（當時稱為畢打山），建成了一座船政署（即現時的藝穗會所在）。為了方便通向碼頭，船政官畢打上尉開鑿了一條雲咸街，接近碼頭的一段則命名為畢打街。與此同時，當局亦興建了多條從皇后大道或荷李活道通往半山的道路，如德忌笠街、砵甸乍街、閣麟街、嘉咸街、卑利街、鴨巴甸街、城隍街、樓梯街等。此外，有體面的洋商都喜在政府山旁的較高處興建他們的私邸，於是多條橫互半山的街道亦告完成，如花園道、上亞厘畢道、下亞厘畢道、堅道、亞畢諾道、威靈頓街、擺花街等。

約 1885 年的皇后大道中近域厘街（即現時的銀行街）。背景為大會堂及噴水池，前面的廣場是官方指定的販馬場所，馬匹是供馬車（始於 1842 年）及賽馬（始於 1845 年）之用。

The Illustrated London News

約 1855 年的中區。最左邊可見聖約翰教堂、隔鄰為政府山上的輔政司署、山坡上為新落成一年的港督府、兩人舢板背後的建築物為顛地洋行。過了畢打街的是渣甸（怡和）洋行。圖中全是外籍人士的商住地帶，右邊未入圖的太平山區，則為當局指定的「唐人區」。

1860 年代初的皇后大道中，當時由德忌利士洋行捐建的鐘塔正在興建中。1863 年落成的鐘塔具報時及火警指示鐘作用，後因阻塞交通，於 1913 年被拆卸。

1880 年代威靈頓街與皇后大道中交界。最左的建築物為五號警署，後改作消防局之用。雲來茶居所在仍為威靈頓街，右鄰則屬皇后大道中。

1919 年的皇后大道中，由雪廠街向西望。 圖右為勝斯酒店；圖左為 1919 年開業的東亞銀行，與東亞銀行一街（都爹利街）之隔的為渣打銀行舊址，曾一度成為中國銀行的行址。 為了慶祝第一次世界大戰的結束，不少建築物紛紛張燈結綵、旗幟高懸。

1915 年的皇后大道中近嘉咸街，這一帶是著名的唐人區，有多家醬園、藥店及茶葉莊。正中處可見一間「三多茶樓」，這座茶樓的建築物先後變為太昌茶樓、襟江酒家及第二代蓮香茶樓。

皇后大道中與戲院里交界，約攝於 1920 年。圖右是「香港影畫戲院」，建於 1911 年，後於 1924 年改建為「皇后戲院」。

約 1925 年的皇后大道中。在嘉咸街口處有一輛巴士，為香港大酒店所經營，港島的巴士服務始於 1921 年。

1930 年的皇后大道中，由砵甸乍街向東望。圖右為中華百貨公司（即現時的連卡佛大廈所在），圖左最高的建築物為第一代華人行。

皇后大道中近卑利街，攝於 1930 年，當時正值 10 月 10 日的雙十節。圖左可見開業於 1926 年的蓮香茶樓。

皇后大道中，由文咸街口向西望，攝於 1931 年。圖左是當時的金舖集中地，圖中可見一輛香港大酒店旗下的巴士。

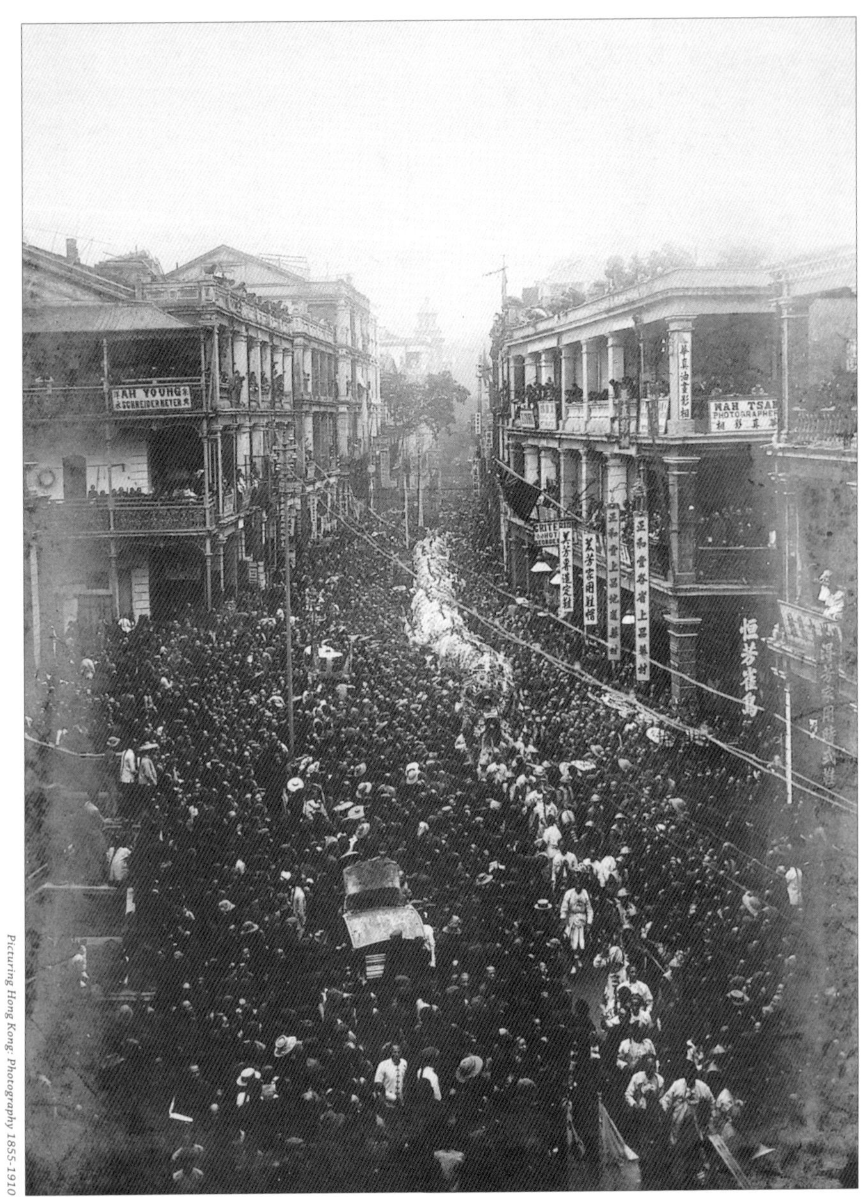

1902 年的皇后大道中。圖左是中環街市，圖右是閣麟街，馬路中的舞龍行列是慶祝英皇愛德華七世的加冕大典。

1935 年皇后大道中近同文街。圖中為慶祝英皇喬治五世登基 25 周年銀禧而舉行的舞龍巡遊。

喬治五世登基銀禧巡遊，隊伍正由皇后大道西左轉上荷李活道。

約 1910 年的雲咸街，由下亞厘畢道向西望。圖右的三層高建築物，至 1990 年代才拆卸改建。建築物旁是通往蘭桂坊的德忌笠街。

從砵甸乍街向下望威靈頓街，攝於 1930 年。在「一枝梅測字」的布招前為和安里入口。

由威靈頓街向上望砵甸乍街（石板街），攝於 1925 年。圖右建築物乃「杏讌樓西菜館」的舊址，國父孫中山先生喜在這裡會晤革命同志。

由皇后大道中向上望鴨巴甸街，攝於1935年。鴨巴甸街為中區通往半山的主要幹道之一。圖左為著名的杭州影樓，圖右為剛由三多茶樓改名的太昌大茶樓，即今天的蓮香茶樓。

由皇后大道中通往羅便臣道的卑利街，攝於 1925 年。卑利街以卑利勳爵（Lord Peel）為名，在 1841 至 1845 年間，卑利勳爵任英國殖民地部大臣。

正街，從第三街向下望，攝於 1925 年。圖左是建於 1864 年的西營盤街市，後於 1930 年代末遷往對面。由於是主要幹道，所以人流不絕。

約 1880 年的皇后大道中。圖右轎子及人力車側面是中環街市的入口。有「公煙」招牌的一列建築物後來拆卸，開闢租庇利街。

由干諾道中至皇后大道中的一段域多利皇后街，約攝於 1930 年。圖右為中環街市。

約 1928 年的德輔道中，正中為落成於 1895 年的中環街市，大理石結構，甚有特色。惟於數年後拆卸，新街市在 1939 年重建落成。圖中域多利皇后街及租庇利街清晰可見。

由德輔道中至皇后大道中的一段租庇利街，約攝於 1930 年。圖的左方為中環街市。

根據早期的人口統計，一八四一年五月十五日港島總人口為七千四百五十人，主要集中在大村落、漁村及石礦場，如赤柱（二千人，被稱為大都市、首府）、掃箕灣（即筲箕灣，一千二百人）、黃泥涌（三百人）、公巖（即亞公巖，二百人）、香港仔（二百人）、石峽凹（即石澳，一百五十人），其餘地區所佔人口各不超過六十人。因此上述地區便成為港府開發中區後率先築路的地區。

The Illustrated London News

位於灣仔皇后大道東與船街間之「裕昇店」，繪於 1857 年。當年毒麵包事件發生後，市民在店前議論紛紛。

NOTICE.

ALL Persons having Claims against, or being Indebted to, CHEONG ALLUM, late of the ESSING Shop, Victoria, Hongkong, are requested to forward particulars to Mr E. K. STACE, Solicitor, &c., Queen's Road.

CHEONG ALLUM.

Victoria, Hongkong, March, 1857.

裕昇店

張亞霖欠到各客數目新撈單到士爹時狀師以便查明〇丁巳年二月十七日張亞霖謹啟

「裕昇店」的清盤廣告。

首先建設的是與中區毗鄰的春園（灣仔），當時洋商在第一次賣地中，投得現時春園街、雅賓利街（太原街）、石水渠街等地興建倉庫及別墅。只是灣仔位置並不理想，東面限於摩利臣山（一八四三年建有馬禮遜教育學會）及醫院山（一八四三年建有海軍醫院及海員醫院），與跑馬地分開；西面亦為英軍軍營所隔，與中環交通不便，因此缺乏良好的貿易條件。故到一八六零年後，外國商行多另謀發展，只剩下部分貨倉而已。

其次在一八四二年四月，港府同時在赤柱及香港仔設置軍營；兩個月後，一條由市中心通往赤柱及大潭篤約九公里的公路便已築成。與此同時，由黃泥涌至筲箕灣的道路亦建造完畢。一八四四年，當局再修築由西灣（即柴灣）至赤柱及香港仔的馬路；加上翌年建造由筲箕灣至大潭約五點三英里的馬路，整個港島的道路框架至此初步完成。

儘管如此，上述地區的發展一直未如理想，人跡罕至。一八五七年，德忌利士洋行在香港仔興建船塢，對香港仔的開發助益不少。而在通往香港仔的薄扶林道上，更是別墅莊苑遍佈（以德忌利士別墅最為顯眼），不少療養院和薑花、咖啡種植場棲身其中。

下環的春園區（即灣仔），約攝於 1880 年。春園範圍，是由海軍船塢的軍器廠（軍器廠街）迄至觀察角（天樂里）為止。

灣仔由軍器廠街向東望皇后大道東，商店林立，十分繁盛，約攝於1905年。

由莊士敦道向南望春園街，約1925年。正中的市集處為交加街，其後市集改建成公廁。

約 1910 年的石水渠街，由堅尼地道向下望。圖右為位於隆安街的「玉虛宮」，山坡為醫院山，右邊為摩利臣山，中間凹陷處為「掘斷龍」。正中的「石水渠」後來被填平，後面的一幢四層高舊樓至今尚存。

20 世紀初的黃泥涌道，從禮頓道向南望，當時電車已通往跑馬地。圖右處後來興建「三 C 會」。

從摩利臣山望跑馬地，約攝於1890年。當時香港賽馬會剛成立數年，大多數建築物皆為簡陋的棚屋。圖左的空地為摩利臣山道與禮頓道交界。

1920年代的跑馬地及銅鑼灣。馬場旁的黃泥涌道除教堂和學校外，亦可見多座住宅樓宇。這一帶日後逐漸演變為高尚住宅區。

約 1907 年的西灣河筲箕灣道，當時的電車路仍為單軌。電車的右邊為太安街。背景的山坡乃太古船塢地段，即現時太古城及康怡花園所在。

筲箕灣亞公巖的譚公廟，約攝於 1920 年。廟前海岸現已闢成譚公廟道。

約 1920 年的筲箕灣。前面是愛秩序灣，右下角為金華街一帶，是當時繁盛的市集。右上方可見位於鰂魚涌的太古船塢及其鄰近西灣河的工人宿舍 。

1930 年代的筲箕灣漁港，當年往來交通工具不足，筲箕灣還是一個自給自足的漁港和市集。

香港歷史博物館藏

1874 年 9 月 22 日位於香港仔成都道的黃埔船塢，當時船塢剛遭一破壞力極大的颶風侵襲，滿目瘡痍。

1930 年代初的香港仔及鴨脷洲。圖左成都道旁的是黃埔船塢，於 1857 年開始建造，即今天香港仔中心的所在。

香港仔薄扶林道與香港仔大道交界，約攝於 1925 年。戰後，這段薄扶林道改名為石排灣道。

1910 年的赤柱全景。圖左的海灘為赤柱正灘。赤柱正灘及聖士提反海灘，一直以來都是弄潮兒的好去處。

4 因火災及供水而建的道路

一八五一年十二月二十八日，中、上環發生了一場罕見的大火，波及的範圍由中環永和街起，迄至西環國家醫院對面的鐵行貨倉一帶，四百七十二間華人屋宇全數被焚燬，死亡人數達二十多人。災後，當局立即進行善後工作，將被焚燬的瓦礫推到皇后大道對開的淺灘及海床，進行填海。所得的土地，建成多條道路，包括乍畏街（以英軍司令乍畏命名）、禧利街及文咸街等，日後這裡更成為華商出入口集中地——南北行的所在。此後，太平山區及上環街市又分別在一八五五年及一八五六年遭祝融光顧，遂催生了消防隊的成立。

1926 年從畢打街望香港大酒店大火的情景。圖左懸紅、黃、藍、白、黑五色中國旗的建築物是剛由舊高等法院改建而成的「華人行」。圖右的部分大酒店未被波及，保持至 1950 年代中改建為「中建大廈」。

至於因供水而開鑿的道路，最顯著的例子有干德道（其英文名字 Conduit 便是水管之意）、大潭水塘道及香港仔水塘道。開埠以來，食水短缺一直困擾着香港，使得衛生情況惡劣，疫症頻生，連英國官員及軍隊亦視駐港為畏途，有「香港，你去埋我份啦！」之諷。一八五九年，第五任港督羅便臣（Hercules Robinson，一八五九－一八六五在任）重賞下得一供水方案，即在薄扶林區開闢水塘，再沿薄扶林道及般含道設引水道供水至太平山區頂部之兩個大水池，再供應至港島各處，這計劃引致多條半山道路的開闢。

約 1900 年的火災現場及消防車。

可是，薄扶林水塘於一八六三年落成後不久，由於人口急劇增長，食水仍是供不應求。於是，港府又陸續於一八七七年、一八九九年及一九二五年建成大潭水塘（大潭灣以北）、黃泥涌水塘（灣仔以南）及收購香港仔水塘（原由私人機構興建於一八九零年），並於十九世紀末至二次大戰前不斷擴建。直至一九六零年代，得廣東省輸入東江水後，香港的食水問題才真正得到解決。

1900 年的乍畏街。這裡的商店多販賣蘇杭的絲織品，民間稱其為蘇杭街。政府在 1980 年代，正式將中文街名命名為「蘇杭街」。

由文咸東街望禧利街，攝於 1910 年。這裡鄰近繁盛的蘇杭街及銀號林立的文咸東街，一直以來都是食肆林立。背景處為皇后大道中，旁邊的教堂式屋宇於 1930 年間改建成首間裝設有升降機的「中央戲院」。

約於 1912 年的永樂東街與禧利街交界，由文華里向西望。圖右的一列三層高屋宇，即今日地鐵上環站所在。時正值農曆新年，故紅、黃、藍、白、黑五色國旗遍懸。圖左可見和發成船務公司，東主乃東亞銀行創辦人之一的李冠春的父親李石朋。

由德輔道中望永樂東街，攝於 1925 年。圖左的建築物旁是永和街，正中的樓宇後來改為「金龍酒家」，圖右為「永安公司」。這一帶的土地是 1851 年大火後填海所獲得的。

約 1920 年的「十王殿」區，即文咸東街及永樂東街一帶。圖右有人力車處為擴建的「南便上環街市」，北便上環街市則位於干諾道中與新街市街之間，即現時的「西港城」所在。

1880 年代的薄扶林水塘，背景左邊的建築物為天主教伯大尼修院；右邊為德忌利士堡，1885 年成為納匝肋印書館，是天主教修院及印書館，其位置即現時的香港大學學生宿舍所在。

約 1920 年代中的干德道。由薄扶林引水道於 1900 年開闢而成，初期路面只有 8 呎，後擴闊至 15 呎，街道名稱亦由薄扶林干讀道、干讀道，改為干德道。

干諾道中近畢打街，攝於 1929 年。當時正值水荒，不少人在當地的街喉旁輪水。

從灣仔峽濾水池望維多利亞海港，約攝於 1915 年。圖中 U 型道路為寶雲道，峽谷底部為石水渠街一帶，對面的高山為醫院山。位於東角對開的吉列島及部分九龍半島清晰可見。

一八五零年代，太平天國和天地會之亂在華南地區爆發，促使大量移民移居香港。從一八五一年至一八五五年間，人口驟增一倍，使原來開發的土地不敷應用。為了解決難題，第三、四任港督均主張在中區填海，可惜卻遭既得利益者的洋商反對而不果。

約 1905 年的鵝頸橋（寶靈橋），當時電車已開始行駛，而電車廠就位於鵝澗的左邊（即今日的時代廣場）。

一八五四年，第四任港督寶靈（John Bowring，一八五四－一八五九在任）被迫退而求其次，在黃泥涌排水入海處的運河（即日後的堅拿道），迄至觀察角（即天樂里）的一處沼澤地帶進行填海，建成寶靈城，並在運河的東、西兩邊築有堅拿道東及堅拿道西，而橫跨排水運河（或稱鵝澗）處則建一寶靈橋，即著名的鵝頸橋（一八六一年建造）。此外，寶靈又在西區進行填海，即接近南北行及鹹魚欄一帶，深受南北行一帶的華商及部分洋商的歡迎。

第五任港督羅便臣的填海計劃，則是由美利操場迄至軍器廠（即現時金鐘道所在）對開的一段土地上進行的（一八六二年完成），此處後來建成海軍船塢。

香港歷史博物館藏

1910 年位於寶靈城的鵝澗（今日的堅拿道），漁人下網處為堅拿道西，圖左部分樓宇後來興建南洋兄弟煙草公司的廠房。鵝澗於 1960 年代被填為暗渠，現為往來海底隧道之主要幹道。

在港督寶靈及羅便臣任內，除了小規模的填海工程外，亦繼續廣闢道路，以方便日益增加的人口的遷徙。這段期間（一八五六－一八六五年），港府在堅道及般含道以北建造了正街、第二街、東邊街及 3，亦在南部建造新的半山區道路羅便臣道、由中環街市至上環一段的寶靈海旁道，以及位於石塘咀的街道等。而維多利亞城以外的道路如石排灣的薄扶林道，以及通往筲箕灣的道路也相繼建成。

1910 年代的跑馬地，圖左可見寶靈城。後方可見整個被防波堤攔截的銅鑼灣。這面「銅鑼」五十年代初被填平，建成今天的維多利亞公園。

從禮頓道望向堅拿道（鵝澗），約攝於 1910 年。盡頭處可見鵝頸橋，即今日的軒尼詩道所在。圖右曾是中華糖局寶靈頓分廠所在，後改建為電車廠。

1910 年一座位於半山般含道的合作社日用品供應站。

約 1930 年的堅道。街燈旁為樓梯街，圖中位置為西摩道 8 號的何東爵士私邸「紅行」，即現時香港花園屋苑所在。

羅便臣道近衛城道，攝於 1910 年。圖中的圓頂建築物為猶太廟。

約 1915 年的薄扶林區。前面正中是薄扶林水塘道，圖右的別墅是德忌利士堡，左旁是牛奶公司的牛房。當時的薄扶林道，人跡罕至，十分幽靜。背景是南丫島。

香港歷史博物館藏

文咸東街一座慶祝喬治五世加冕銀禧紀念的牌樓，攝於 1935 年。這一帶是金號及銀號的集中地，圖中可見多家現仍尚存的老店。

1920 年代的文咸西街南北行夜景，時正值農曆新年，故每家商號門前都掛有一對白底紅字的大燈籠。

約 1890 年的上環。正中的四層高建築物為德輔道西、皇后街及干諾道西所圍繞，約一百年後才被拆卸，當中有一間以魚翅食品馳名的天發酒家。由此建築物一直向西伸展至石塘咀的地段，乃港督德輔的西區填海計劃範圍。

西營盤正街，由德輔道西向上望，攝於 1925 年。正街由干諾道西一直伸展至般含道，是西營盤一條通往半山的主要幹道，建於 1855 至 1860 年間。

6 華人居住區的擴張

自一八七零年起，居港的華人不斷收購洋商的屋宇及貨倉棧房，建成唐樓，漸漸地，已逾越早期定下華洋居住的界線——鴨巴甸街，一直向威靈頓街及砵甸乍街推進。華人實力的壯大，一方面引起了當權者的重視，另一方面又引致英人的不滿。

例如第六任港督麥當勞（Richard Graves MacDonnell，一八六五－一八七二在任）便曾在輿論的壓力下，撥出普仁街（原名墳墓街）一塊土地，

由鴨巴甸街向東望威靈頓街，約攝於 1930 年。當時威靈頓街的繁盛程度，比起皇后大道中，不遑多讓。

為華人興建第一所醫院——東華醫院（資金除從華人募捐外，主要由賭餉中撥出）。該院於一八七二年建成，結果大受華人歡迎。其實，東華醫院的歷史，可追溯至之前位於東街與太平山街之間的廣福義祠（建於一八五一年）。當時義祠內附有義莊服務，供棺木停放，後推而廣之，不少垂死的病人亦被安置在義祠內，一時間污煙瘴氣，衛生情況惡劣，成為醜聞。

由鴨巴甸街下望永吉街，約攝於 1940 年代。中間橫亙的是皇后大道中。永吉街內有一間著名的「陸羽茶室」，1970 年代中才他遷至士丹利街現址。

第八任港督軒尼詩（John Pope Hennessy，一八七七－一八八二在任）採取寬待華人政策，華人屋宇遂繼續向東伸展，甚至迫近皇后大道東的域多利軍營。一八八零年，軒尼詩又委任律師伍廷芳出任首位華人立法局議員，英人的不滿更為激烈。由於洋商甚至高官與港督軒尼詩不和，致令不少政策無法執行，地方建設幾全交白卷，尤其是公共衛生方面，更是問題多多。最終導致疫症肆虐、地價急跌。

為了阻止華人住宅區的不斷擴張，港府於一九零四年頒佈《山頂區保留條例》，將山頂列為歐洲人專用住宅區，華人不許居住。此條例至一九四五年後始宣佈取消。

由德輔道中望利源西街，約攝於 1950 年，圖中可見廉價的成衣攤檔。

約 1925 年的租庇利街，從皇后大道中望向海旁，圖右為中環街市的側門。

約 1926 年的皇后大道中。圖右為剛落成的華人行，圖左的商業樓宇前身為香港會所，稍後連同背後的新比照戲院，於 1931 年改建成娛樂戲院。

皇后大道中近安和里（俗稱二奶巷），攝於 1920 年。

東街，從太平山街向下望，約攝於 1925 年。因接近百姓廟及東華醫院，故有不少儀仗店及長生店。

約 1925 年的上環磅巷，橫亙的為太平山街。石級左邊高台上有多座廟宇，包括觀音殿、水月宮及廣福義祠（即百姓廟）。

約 1930 年的普仁街與保良局新街交界。牌樓為慶祝孔子誕辰而建。

7 西環的開發

一八七零年代中，繼上、中、下環的開發，西環亦得到發展；從此，三環變成四環。一八七五年，第七任港督堅尼地（Arthur E. Kennedy，一八七二——八七七在任）計劃在中區填海及擴闊通往東區的道路失敗後，只好退而求其次，在西區的卑路乍灣進行大規模填海，以安置日益增長的人口。新填海計劃於一八八六年完成，並新建了多條街道如卑路乍街、遮打街（一九零九年改名為吉席街）等，是為西環。而整個地區則以港督堅尼地命名，即為堅尼地城。

一八九七年，英女皇維多利亞登基六十周年紀念，遮打爵士身為慶典委

約 1905 年的堅尼地城遮打街近加多近街。

員會主席，建議籌建一間婦兒醫院（維多利亞醫院），並築一條環島公路維多利亞慶典路（後來改名為域多利道），這條公路對連接堅尼地城與薄扶林，幫助不少。

但真正令西環興旺起來的，還是從二十世紀初的石塘咀開始的。一九零六年，港府為了易於管理衛生問題（疫症的陰影尚未消失），以及開發西環等原因，下令所有位於人煙稠密的上環水坑口及皇后大道西一帶的妓寨，遷往煤氣鼓以西的石塘咀，即皇后大道西與山道一帶。所謂「塘西風月」的歷史，便是從這年才開始的。石塘咀最繁榮的時候，秦樓楚館、旅店酒家林立，成為商賈政要流連之地。但這畸型的繁榮，至一九三五年港府下令禁娼後，即告煙消雲散。

與此同時，當局亦大力發展石塘咀以西的堅尼地城，開闢及重修了多條街道，包括士美菲道、加多近街等。

1883 年在兵頭花園豎立的港督堅尼地的銅像，約攝於 1900 年。

1890 年的屈地街，圖中煙囪者為煤氣公司，右下角可見皇后大道西。

石塘咀之皇后大道西，由皇路乍街向東望，約攝於 1910 年。圖右煤氣燈處為和合街，自 1906 年起，這一帶便成為塘西風月、煙花之地。

山道，由皇后大道西望向山邊，約攝於 1910 年。圖右是酒樓和妓寨，圖左是石塘咀街市，街市後是位於當時遇安台的聯陞酒店，亦為有名的秦樓楚館。

石塘咀之皇后大道西，由和合街向東望，約攝於 1910 年。這一帶酒樓妓寨林立，是港島的煙花之地。

1919年的石塘咀山道，由皇后大道西望向海旁。圖左是金陵酒家（1930年代金陵他遷後改為廣州酒家）。圖右迄至德輔道西的一列建築物都是妓寨，第一二間的妓寨舖頂招牌是「賽花」及「歡得」。兩輛電車後面是著名的陶園酒家，1950年代改為「香港人造花廠」。

由德輔道西望向山道及聯陞酒店，約攝於1925年。從燦爛的燈光可以想像當年塘西風月、夜夜笙歌的繁華情景。

1897 年的皇后大道中，由利源西街向東望。牌樓處為德忌笠街口，該牌樓是為慶祝維多利亞女皇登基鑽禧而蓋搭的。

約 1900 年的皇后大道西。「新興洋裝桶店」處為李陞街，正中的坡路為通往國家醫院的「雀仔橋」。

維多利亞慶典道（後來改名為域多利道）近雞籠環的一段，即今日華富村附近，約攝於1920年。圖左小島的尖端即今日鴨脷洲的海怡半島。

8 德輔的填海工程與新碼頭

一八八七年，第十任港督德輔（William Des Voeux，一八八七－一八九一在任）抵港就任。同年英商遮打爵士看到蘇彝士運河通航後香港轉口港地位的上升，判斷經營碼頭有利可圖，遂提出中區填海計劃（遮打之前亦參與西區堅尼地城的拓地工程）。由於計劃中包括給予在海旁擁有物業的洋商適當的賠償，填海計劃終於得到各洋商支持，並在一八八九年着手進行。

香港歷史博物館藏

約 1900 年的中環，當時始於 1889 年的填海已差不多完成，新的海旁名為干諾道。圖中的建築物左起依次為滙豐銀行、渣打銀行及林賽洋行，山頂處為港督府。

新填地面積五十九英畝，即從今德輔道中至干諾道中一帶，東至海軍船塢，西至石塘咀煤氣公司。一八九零年，干諾公爵訪港，為中區填海奠基；因此，一九零四年建成的新海旁便名為干諾道。此後，一些附有升降機、電燈及電風扇等先進設備的新型大樓，如皇后行、太子行、聖佐治行、亞歷山打行、於仁行、香港會所等相繼興建，為維多利亞港的海岸線，增添了不少姿采。

在中區進行填海工程時，港府已計劃在新海岸興建或搬遷多座碼頭，包括一九零零年在新海旁畢打街對開興建「卜公碼頭」（以當時的港督卜力命名），以取代原來的雪廠街碼頭（一八九八年成立的天星小輪曾經租用）；在域多利皇后街、租庇利街和機利文街興建數座專供渡海小輪停泊的碼頭；以及把原位於南北行永樂西街對開處的多座貨運碼頭（如著名的三角碼頭），在德輔道的多座省港客輪碼頭、砵甸乍碼頭、德忌利士碼頭、鐵行碼頭、域厘街（銀行街）碼頭及美利道碼頭移前至干諾道。

香港歷史博物館藏

1860 年代的寶靈海旁（即後來的德輔道）與畢打街交界。圖左為顛地洋行的舊辦公大樓，前面為該洋行擁有的碼頭；圖右為第一代怡和洋行。

一九二五年，港府又在皇后像廣場對開建成皇后碼頭，以供公眾停泊船隻之用。一九三二年，位於租庇利街的統一碼頭落成後，中區海岸的新碼頭已蓋得差不多了。

約 1905 年的上環海旁，這一帶是南北行與西區的交匯處，也是填海而來，十分繁盛。客輪停泊處為永樂街碼頭。

1937 年 9 月 2 日干諾道中遭致命颶風肆虐後的情景。最左為位於租庇利街口的統一碼頭，旁為一被風吹上岸的大洋船。

約 1907 年的干諾道中，砵甸乍街與域多利皇后街一帶，位於中間與最右建築物之間，依稀可見矮屋型的奄派亞戲院。

約 1910 年的德輔道中，由砵甸乍街向東望。兩間酒房之間為利源西街，背後的六層高建築物為香港大酒店，即現時的置地廣場所在。

約 1930 年的干諾道中近卜公碼頭，圖右可見一輛香港大酒店名下的一號線巴士。

1927 年的遮打道。正中是位於畢打街與德輔道中之間的第二代怡和洋行。圖左是英皇酒店及亞歷山打行，圖右是聖佐治行、沃行及於仁行。

介乎林士街與文華里的一段德輔道中，攝於 1937 年 5 月 12 日。圖中可見為慶祝英皇喬治六世的加冕大典而舉行的舞龍和出會巡遊。

1937 年 5 月 12 日德輔道中近林士街的會景巡遊。

1920 年代中的德輔道中近興隆街，圖右可見一採辦伙食的「伙頭」（廚師）及送米的「夥計」（工人）。

約 1935 年的德輔道中與林士街交界。圖右為落成於 1921 年的新世界影畫戲院，1970 年代初改名為恆星戲院，戲院後面為海事處（市民稱其為「船頭官」）。圖中的永安公司於 1970 年代中才被改建。

位於皇后像廣場對開的新皇后碼頭，當時正舉行新港督金文泰履新儀式，攝於 1925 年。

約 1925 年位於機利文街對開海旁的中環往來旺角及深水埗的小輪碼頭，這些航線由 1924 年元旦起，全由油麻地小輪公司經營。

約 1925 年前往油麻地之小輪碼頭。這條小輪航線往來於中環的租庇利街至九龍的公眾四方街之間。

位於中環租庇利街對開之統一碼頭，落成於 1932 年，專供港九離島及汽車渡海小輪碇泊，約攝於 1946 年。

1927 年的干諾道西與威利蔴街交界，圖中英軍是派駐來港以應付香港罷工及內地的「北伐」者。威利蔴街口是「香港仔街坊汽車」的西營盤總站。

約 1930 年的省港輪渡碼頭，干諾道中近急庇利街。

位於南北行永樂西街及干諾道中之永樂街碼頭，又稱為三角碼頭，約攝於 1925 年。

永樂街碼頭，專門提供來往香港、廣州（省城）及澳門三地之渡輪服務，約攝於 1925 年。

9

疫症蔓延的後遺症

一八九四年五月，香港發生了一場蔓延甚速的疫症，死亡人數數以千計，促使港府將疫區封閉，大舉清拆區內的建築物，以致樓價暴跌。這場疫症首先從雲南傳來，未幾即蔓延至中、上環太平山一帶，包括街市街（即普慶坊）、太平山街、必列者士街，迄至鴨巴甸街、善慶街及九如坊等。

1894 年太平山區發生疫症，圖為當時巡視疫區清潔的官員。

為了防止疫症蔓延，當局將疫區封閉，大舉拆卸不合衛生的華人住宅。從街市街至太平山街間的住宅區，拆卸後闢為卜公花園。港府又立例強制收回這一帶的土地，包括歌賦街、美輪街、九如坊迄至砵甸乍街等地區。疫症期間，當局開始嚴厲搜查不合衛生的屋宇，並將之徹底熏洗（後來演變為「洗太平地」，至一九六零年才取消）。熏洗期間，潔淨局「可以搭蓋篷寮或租賃屋宇、船艇」作為遷出居民居住之所。當時不少華人欲離港返鄉，但遭禁止，當局並嚴格執行一八四二年起施行的「夜燈夜照」政策（規定如無夜行執照，不准夜行），以防居民趁晚上離港。

一八九七年，政府將疫區內的四方街、水池巷、太平山街、普仁街已清拆的空地重新招標承建，惟新建的樓宇需有充足的光線及通風設備，以確保細菌不易滋生。同年，當局又在太平山區的街市街、樓梯街、必列者士街、左時里、太平山街、四方街、東街、太平里、郭松里、瑞興里、洪恩里、水池巷、堅巷及東區的禮頓山等地建設公眾廁所，以改善衛生。

約 1895 年的上環太平山區。正中橫亙的街道為磅巷。磅巷後面為剛被拆卸的疫症重災區，後來闢作卜公花園。圖右一列高尚屋宇處為「街市街」，後來改名為普慶坊。

為防止疫症捲土重來，港府在一九零四年收回九如坊及安和里一帶不合衛生的樓宇重建，並將附近的街道如歌賦街、百步梯、鴨巴甸街及安和里等，進行重建或擴闊。疫症對街道發展的影響，可見一斑。

從堅道望樓梯街，約攝於 1925 年。正中屋頂有長煙囪的建築物是「青年會」。

從善慶街近 下望歌賦街，攝於 1925 年。善慶街及其右鄰的美輪街，都被稱為「大石級」。20 世紀初，善慶街有不少著名的私塾和學館。橫亙的是歌賦街的「陶英英文學校」，開埠時這裡是著名的仁記洋行行址。學校左鄰一箭之遙是《循環日報》社址。《循環日報》的對面（即圖中梁振華藥局背後）是第一代「中央書院」（後改名皇仁書院）的所在。圖右的《大光日報》在翌年便告停刊。

1913 年上環干諾道西，這一帶為客棧和旅店的集中地。圖中右下角可見一群潔淨局（1935 年改名為市政局）的工作人員正在進行熏洗工作，俗稱「洗太平地」。

干諾道中近德忌利士街向西望，攝於 1908 年。圖中遠處可見一建於馬路上的公廁，以方便各碼頭的旅客。這等公廁後因阻塞交通於 1960 年起陸續被拆卸。

約 1930 年的皇后大道中與花園道交界。圖左為花園道，花園道口可見一小型地下公廁，位於美利操場。左方的美利樓現為新中銀大廈的所在。

1925 年的砵甸乍街與皇后大道中交界。圖左上角轎子的底下是一地下公廁。

10 灣仔的開發

繼一八五零年代、灣仔區寶靈城建成後（當時大批華人因避亂從內地移居至此），灣仔因受制於西邊域多利軍營的「樽頸」地帶，通往中環交通殊為不便，發展一直不甚理想。一八七零年代中，港督堅尼地為了疏導交通，及抒緩中區對土地的殷切需求，遂在軍營的上方築建一條堅尼地道，打算向東發展。可是，一八八零年代初，地價從高峰急跌，發展灣仔區的構想，只得東之高閣，當時灣仔主要為歐洲人及日本人居住。一八八四年，香港賽馬會成立，灣仔以至掘斷龍、灣仔道一帶，成為往馬場必經之地，對帶動灣仔的繁榮，助益不少。

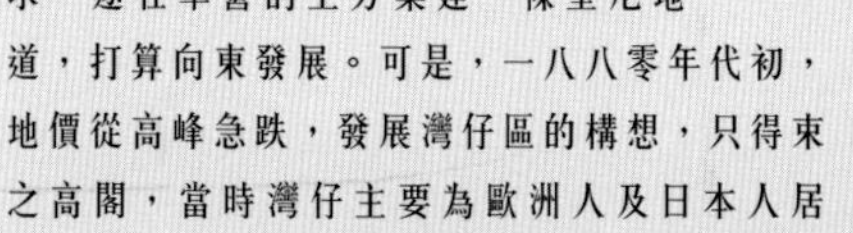

約 1925 年的皇后大道東（現時金鐘道所在）海軍船塢入口的對面（現時高等法院所在）。

一九零零年，當局終於得到軍部的允許，可以擴闊花園道至軍器廠街的一段皇后大道東（現金鐘道所在）。隨即開闢了位於發電廠附近的電氣街、永豐街、日街、月街和星街等。兩年後，當局在寶靈城開闢了多條街道，如堅拿道、灣仔道、寶靈頓道、天樂里、霎西街等，並開始為灣仔的填海作準備，包括與軍部商討搬遷陸軍醫院，以剷平摩利臣山作填海之用，與沿岸地段業主討價還價，以及解決供水問題。一九一零年代，再築有李節街、利東街、蘭杜街和晏頓街。

一九二一年至一九二九年間，灣仔填海工程動工，共拓地三十六公頃。新填地上開闢了多條道路，包括軒尼詩道、駱克道、高士打道及謝斐道等，並建成一座修頓球場。一九三一年，在灣仔新填地興建的三百六十座住宅樓宇落成後，對疏導龐大的人口壓力，甚有助益。此外，當局又於一九三八年着手整頓皇后大道中、軍器廠街及軒尼詩道一帶的馬路，最終把一段軍器廠街拆通，使皇后大道東可以直接伸展至軒尼詩道。一九六零年，位於海軍船塢舊址一帶的夏慤道通車，才真正解決了中環至灣仔的「樽頸」問題。

由美利道口的皇后大道東西望滙豐銀行，攝於 1940 年代。大會堂於 1933 年成為危樓而被拆卸，部分地段供滙豐銀行擴建之用，因而域厘街（20 世紀初名獲利街，1960 年代後期再改名為銀行街）亦稍向東移。

約 1925 年的皇后大道東，這一段於 1960 年代改名為金鐘道。圖左的兩座三層高樓宇為海軍船塢，中間為船塢的大門口。圖右的建築物於 1960 年間拆卸，並闢作紅棉道。

1950 年代的「樽頸」地帶——皇后大道東。圖左為英軍俱樂部（今日的金鐘道政府合署所在），這兩座建築物的正中夾着一條「蟠龍里」。圖右為海軍船塢，正中可見的圓屋頂為當時的高等法院。

1900 年的堅尼地道。纜車橋旁為新佑寧教堂（原來的佑寧堂於 1845 年建於荷李活道），一盞煤氣燈清晰可見。

約 1930 年的海軍船塢，建於 1896 年。1950 年代船塢拆卸進行填海，開闢了夏慤道，這才打破了百多年來中環至灣仔的「樽頸」。

約 1920 年的軍器廠街，由皇后大道東（金鐘道）至軒尼詩道的一段。1938 年將圖中一列樓宇的左半部分拆卸後，車輛開始不需經軍器廠街而直接駛入軒尼詩道。

1910 年位於皇后大道東醫院山旁、灣仔道口的第一代灣仔街市（圖右），此街市約在 1858 年興建。

1920 年代灣仔春園街一景。從圖中的景象看，這裡已從以往的「紅燈區」蛻變為平民住宅區。

由東角（渣甸倉）西望灣仔填海工程，攝於 1921 年。圖中可見豎立着的填海界標，圖右白色的艦隻是碇泊在海軍船塢的「添馬」艦。

從半山堅尼地道望向灣仔，約攝於1928年。當時填海工程已完成得七七八八，莊士敦道對開，已是一大片新填地。

1932年的灣仔盧押道，這一帶是1921年填海而來的。左下方正在興建的為修頓球場，圖左可見大王東街。

約 1940 年的灣仔海旁。圖左為海軍船塢，中間偏左的高樓為海軍俱樂部，其旁為軍器廠街，圖右位於分域街旁者為政府宿舍，戰後命名為「夏慤大樓」。

1948 年的盧押道與莊士敦道交界。右旁為修頓球場，這一帶都是由新填地開闢而成的。圖中的花車遊行，是慶祝 1948 年中國的正副總統蔣介石、李宗仁就任。

填海而成的菲林明道與莊士敦道交界，攝於 1950 年。圖左是灣仔道，圖右可見當時著名的「英京大酒家」。

1947 年金馬倫山的馬己仙峽道，即現時金鐘道太古廣場對上。圖中可見 1942 年日軍興建的「忠靈塔」，該塔未竣工便於 1947 年被港府炸毀。

1949 年的軒尼詩道與軍器廠街交界，圖左為有線廣播電台「麗的呼聲」，正中為落成於 1936 年的循道衛理聯合教會香港堂。

1950 年的灣仔軒尼詩道近軍器廠街（大佛口）。圖左為有線電台「麗的呼聲」所在，右邊滿佈廣告的樓宇於 1960 年代拆卸，建成先施保險大廈。電車背後的循道衛理聯合教會香港堂於 1994 年拆卸重建。圖左巴士站站牌的「如要停車乃可在此」為當時的妙文，十分著名。

11

銅鑼灣至筲箕灣的開發

約攝於 1868 年的銅鑼灣，近今天的摩頓台。橫亙的長堤是後來建成高士威道。

一九零四年，電車在港島行走，開始把銅鑼灣至筲箕灣（早期名「餓人灣」）的距離拉近。當時從堅尼地城至銅鑼灣為雙軌，銅鑼灣至筲箕灣為單軌，另有雙軌支線由海旁東至快活谷跑馬場，大大改變了這區的發展前景。回溯開埠初期，這裡主要是農村（黃泥涌）和石礦場（筲箕灣、阿公巖、石澳）。據統計，筲箕灣的石礦場最多，一八七二年有七十二個、一八八一年有四十九個、一八九一年有五十一個。除此以外，人跡罕至。

一八八零年代及二十世紀初，太古洋行先後在鰂魚涌設立糖廠（一八八二年）和船塢（一九零一年）。一九零二年，港府又在銅鑼灣、禮頓山與大坑村之間開闢邊寧頓街、渣甸坊、怡和街等。直至一九零八年，太古洋行在西灣河及筲箕灣開闢多條街道以興建員工宿舍，這一帶的民居才逐漸增加。然而，這些地區的對外交通網要到一九二零年代，才真正發展起來。

一九二零年，當局完成由灣仔峽（即現時皇后大道東鄧肇堅醫院前）至寶雲道的一段司徒拔道（舊稱史塔士道），以及由寶雲道至黃泥涌峽的黃泥涌峽道。翌年，從黃泥涌峽至淺水灣的淺水灣道也建築完成。一九二二年，由大潭峽至石澳的大潭道、馬己仙峽道以及跑馬地黃泥涌連接大坑道的樂活道亦告落成，而由銅鑼灣連接司徒拔道的大坑道亦於一九二七年建築完成。

與此同時，當局於一九二二年至一九三一年，着手將銅鑼灣至鰂魚涌的一段馬路，擴闊成七十呎闊，命名為英皇道，以紀念當時在位的英皇喬治五世。一九三八年，英皇道對開的北角及七姊妹區填海完成，並進一步加闊英皇道；至此，港島的環島交通，可以説正式完成。

1953 年銅鑼灣對上大坑山坡上的菜田。圖左可見剛被填平的避風塘，即今天維多利亞公園所在。

銅鑼灣羅素街，攝於 1930 年。路旁原為電車總廠，於 1980 年代末拆卸，建成時代廣場，圖右的一列舊樓亦漸漸蛻變為新型的商業大廈。

維多利亞城的盡頭銅鑼灣，因左邊的海灣形如銅鑼而得名，約攝於 1930 年。銅鑼灣在開埠初期被稱為「紅香爐」或「蓮花宮」。1950 年代初，銅鑼灣的海灣一帶被填平，闢成維多利亞公園。

1920 年代的跑馬地，由樂活道望向主看台一帶。當時，1918 年火燒馬棚的陰影已漸漸被人遺忘，馬場又見一片熱鬧。看台背後山腰，可見築成不久的司徒拔道。

約 1950 年的跑馬地，圖左是被稱為鵝頸區的寶靈城。正中的禮頓山已蓋有新型建築物，而馬會的主看台則於 1955 年改建落成。

約 1935 年的銅鑼灣高士威道海旁。中部有煙囱處為東角的「卜內門貨倉」及「渣甸倉」。1950 年的填海界線與東角看齊，所得的「銅鑼」形土地，建成「維多利亞公園」。

1953 年由虎豹別墅俯瞰銅鑼灣新填地。此時正在平整地盤以便建造「維多利亞公園」。此圖的中心點亦可見新落成的皇仁書院。

約 1920 年的北角「名園遊樂場」。園址位於明園西街東邊，1931 年停業後改作片場。迄至二次世界大戰後，往北角的電車，其路線牌上均印有「名園」字樣，約至 1950 年才將標示改為「北角」。

約 1932 年的北角七姊妹海旁，人群正觀看龍舟競渡。左旁可見已豎立的填海界標。

約 1953 年一艘英國航艦「戰士號」，正駛經北角海旁。海旁的建築群為「聯益貨倉」，於 1980 年拆卸，建成「和富中心」。

約 1958 年的北角英皇道近炮台山道。電車後可見皇都戲院，這座建築物現仍存在。

約 1920 年的鰂魚涌近芬尼道的一段電車路，當時電車仍為單軌行車。1922 年開始才將馬路擴闊，1931 年正式命名為「英皇道」。

香港歷史博物館藏

1890 年代位於東角的中華糖局，糖局是由多間糖廠組成。圖左的煙囪是今天糖街一帶，圖右的煙囪處為京士頓街。這一帶的糖廠所在前身是倒閉於 1868 年的香港鑄幣廠。

位於鰂魚涌的太古糖廠及船塢，約攝於 1935 年。

約 1913 年的筲箕灣道。圖中最右為筲箕灣街市局部，電車後的一列屋宇為太古船塢的工人宿舍。

圖 1

圖 2

圖 3

圖 4

類別 / 年份	地點	建築物	備註
一、古廟 / 教堂			
1767 年	赤柱大街	天后廟	
1773 年	鴨脷洲洪聖街 9 號	洪聖廟	
開埠前	銅鑼灣天后廟道	天后廟	
開埠前	灣仔皇后大道東	洪聖古廟（圖 1）	1857 年重建
約 1842 年	荷李活道	文武廟（圖 2）落成	
約 1842 年	城隍街近荷李活道	城隍廟	
1842 年	不詳	浸信會教堂	稍後於歌賦街的百步梯設立宣道所
1843 年	半山些利街與嚤囉廟街交界	回教廟	1915 年重建
1843 年	威靈頓街及砵甸乍街交界	聖母無原罪教堂（即天主教總堂）落成	香港第一座羅馬天主教堂，1859 年遭大火嚴重焚燬，1860 年重建，1872 年再遭大火波及。
1845 年	荷李活道	佑寧教堂落成	倫敦傳道會（跨宗派教會）所建
1849 年	花園道 4 號	聖約翰大教堂落成	聖公會所建，1872 年加建側翼，即今日所見的聖約翰大教堂。
1856 年	上環太平山街	廣福義祠落成，又稱百姓廟。	
1863 年	灣仔	北帝廟	
1864 年	銅鑼灣大坑地段 8365 號	蓮花宮	
1864 年	進教圍	聖佛蘭士教堂	羅馬天主教會創辦
1865 年	灣仔石水渠街與隆安街交界	玉虛宮	廟內供奉的銅像鑄造於 1604 年
1866 年	士丹頓街	新佑寧堂落成	
1866 年	鴨脷洲大街地段 24 號	觀音廟	
1872 年	灣仔皇后大道東	華陀廟（圖 3），時稱華陀醫院。	1903 年停止服務，至 1930 年仍存在。
1872 年	西區西邊街（現七號警署）	聖彼得大教堂建成開幕	
1872 年	花園道	聖若瑟大教堂建成開幕	
1875 年	薄扶林道	伯達尼教堂	1961 年重建，現為香港大學所用。
1877 年	筲箕灣金華街	城隍廟	
1887 年	荷李活道與鴨巴甸街交界	道濟會堂	倫敦傳道會專為華人而設。當時該會會友以半價讓出地皮，規定一半建醫院（雅麗氏利濟醫院），一半建教堂（道濟會堂）。
1888 年	堅道近忌連拿利	新聖母無原罪教堂（圖 4）落成	第二次世界大戰嚴重損毀，戰後重新修葺。
1889 年	鰂魚涌英皇道山邊	二伯公廟	
1880 年代	薄扶林道 162 號	聖士提反堂	
1891 年	堅尼地道	佑寧堂遷至上址	1949 年重建落成
1901 年	皇后大道東 371 號	錫克廟	

圖 5

圖 6

圖 7

類別 / 年份	地點	建築物	備註
1902 年	西摩道與羅便臣道交界	猶太教莉亞堂落成	莉亞 (Leah) 是捐款興建人沙宣爵士的母親
1905 年	筲箕灣	譚公廟（圖 5）	
1907 年	堅道 34 號	嘉諾撒仁愛會教堂落成	曾於 1937 年、1960 年代、1970 年代中及 1980 年代四次重修。
1911 年	荷李活道 50 號	香港浸會福音堂購入地皮，準備興建會堂。	
1911 年	半山忌連拿利	聖保羅堂落成開幕	1935 年擴建落成
1914 年	般含道 86A 號	禮賢堂落成	1979 年擴建完成
1923 年	堅道	香港浸會福音堂遷至上址	
1926 年	般含道 2 號	合一堂（圖 6）	道濟會堂所建。1920 年中國長老會、公理會及倫敦會三教會商合而為一，取名中華基督教會（同年道濟隨即加入），故有合一堂之名。
1931 年	銅鑼灣禮頓道	袄教教堂	
1932 年	西營盤西邊街與高街交界	救恩堂（全名中華基督崇真會救恩堂）	專為客籍人士開放的巴色傳道會所建，其前身創建於 1851 年。
1936 年	灣仔軒尼詩道與莊士敦道交界	循道衛理聯合教會香港堂落成	1994 年拆卸重建
1967 年	中環鐵崗 5 號	新聖保羅堂落成	
二、郵局			
1841 年 11 月	政府山上炮台里聖約翰座堂右鄰	首間郵局落成	郵政局落成前，香港郵政服務已於 1841 年開始。
1846 年	皇后大道中與畢打街交界之高等法院大樓	郵局遷往上址	1862 年，郵局被命名為郵政總局，並於同年 12 月 8 日開始發行郵票。
1898 年	上環永樂街	西局（後來的上環郵局）分局啟用	
1911 年	新填地海旁（干諾道）與畢打街交界	郵政總局（圖 7）遷往上址	
1915 年	皇后大道東	灣仔郵局	1990 年宣佈為古蹟，是現存最古老的郵局建築物。
1976 年	康樂廣場 2 號現址	郵政總局再搬遷	
三、街市			
1842 年 6 月	皇后大道中、閣麟街及嘉咸街之山腳地段，後部分遷往皇后大道東（現金鐘道高等法院位置）。	廣州市場落成	
1844 年	太平山區街市街（1909 年改名為普慶坊）	太平山街市落成	1858 年改建
1844 年	東區皇后大道東與軍器廠街交界	東區街市落成	

圖 8

圖 9

圖 10

圖 11

類別 / 年份	地點	建築物	備註
約 1850 年	海旁（現德輔道中）、域多利皇后街、皇后大道中及租庇利街交界現址。	廣州市場改名為中環街市（圖 8），並再遷至上址。日佔時期改稱中央市場，近年才恢復原來的名稱。	曾分別於 1858 年、1895 年、1939 年三度重建落成。
1858 年	皇后大道中與摩利臣街交界	南便上環街市（圖 9）落成	1906 年，加建北便上環街市，即今天的西港城。
1858 年	掃桿埔	掃桿埔街市落成	
1858 年	灣仔皇后大道東與灣仔道交界	灣仔街市落成	
1864 年	正街以西與第一、二街之間。	西營盤街市（圖 10）	
1872 年	筲箕灣道與太安街	筲箕灣街市落成	
1875 年	石塘咀山道與南里之間	石塘咀街市	
1890 年	中環街市對開的新填地（現恆生銀行）	臨時中環街市	中環街市拆卸期間的臨時設施
1907 年	大坑	大坑街市落成	
1907 年	鰂魚涌	鰂魚涌街市落成	
1912 年	香港仔	香港仔街市落成	
1937 年	醫院山腳（即皇后大道東與灣仔道口交界）	灣仔街市落成	以取代位於灣仔另一邊的舊街市
1938 年	跑馬地	黃泥涌街市落成	
1930 年代末	正街以東與第二街之間	西營盤街市遷往上址	
1953 年	必列者士街與城隍街交界	必列者士街街市落成	
四、醫院			
1843 年	皇后大道西	海員醫院落成	
1843 年	皇后大道東	海軍醫院及陸軍醫院（圖 11）落成	
1848 年	皇后大道東與灣仔道交界的醫院山	海員醫院遷往上址	由於連年虧蝕，1873 年結束，並由港府接管，改名為海軍醫院。
1848 年	皇后大道西（原海員醫院）	國家醫院	香港最早開辦的公立醫院，1859 年港府收回西區雀仔橋一幅土地重建。
約 1840 年代	昂船洲	痘症醫院	1873 年結束
1861 年	皇后大道西（國家醫院旁）	性病醫院落成	
1869 年	灣仔聖佛蘭士街	聖方濟各醫院	嘉諾撒修院創辦
1872 年	上環普仁街	東華醫院落成	首間華人醫院，1934 年新院改建落成。
1872 年	灣仔大道近春園街	華陀廟分局啟用	東華醫院分局，為一贈醫施藥機構，一直服務至 1903 年才停止。
1874 年	皇后大道西及荷李活道交界的空置酒店 Hotel De L'univers	臨時國家醫院	由於國家醫院被一場毀滅性的颱風吹毀，遂把上址改為臨時醫院。

圖 12

圖 13

圖 14

類別 / 年份	地點	建築物	備註
1878 年	皇后大道西（原國家醫院旁的性病醫院）	臨時國家醫院遷往上址	1878 年臨時醫院毀於大火，當局被迫將原國家醫院旁的性病醫院，改為臨時國家醫院，後於 1880 年代（圖 12）及 1950 年代重建。現為西營盤賽馬會分科診所。
1881 年	太平山街禮堂一間房間	那打素診所	1882 年停頓，1883 年譚臣醫生將那打素診所擴建為醫院。1934 年新院落成。
1887 年	荷李活道與鴨巴甸街交界	雅麗氏紀念醫院落成開幕	何啟 (1859-1914) 為紀念夫人雅麗氏 (Alice Walkden，1884 年 6 月 8 日逝世）而興建的醫院。醫院落成後交倫敦傳道會管理，是當時最大的西醫醫院。
1892 年	高街	精神病院落成	1971 年停止服務，1999 年拆卸。
1893 年	般含道	那打素醫院落成	以倫敦傳道會之醫務傳道委員會主席戴維斯 (H. Davis) 之母親 (Nethersole) 的名字命名，1954 年改名為雅麗氏何妙齡那打素醫院。
1897 年	皇后大道西（國家醫院內）	產科醫院	附設於國家醫院
1903 年	山頂白加道	維多利亞婦幼醫院（圖 13) 落成	以紀念英女皇維多利亞登基 60 周年而興建，戰後改建為高級公務員宿舍。
1904 年	般含道那打素醫院左旁	那打素產科紀念醫院落成	
1906 年	卑利士道（那打素醫院旁）	何妙齡醫院落成	何妙齡（1847-1937）即何啟之親姐、伍廷芳之夫人，她捐贈了全部建築費用。
1906 年	波老道與寶雲道之間	英軍醫院落成	1970 年代作政府辦公大樓之用
1906 年	上環普仁街	東華三院藥局興建	歷史最悠久的非牟利私立醫院
1907 年	山頂加列山道 41 號	明德醫院	
1922 年	西營盤西邊街與第三街交界	贊育醫院落成	倫敦傳道會所建，原為產科學校，1934 年成為公立產科醫院。
1929 年	東院道	東華東院（圖 14）落成	東華三院附屬醫院，其前身為 1921 年成立的下環集善醫院。
1934 年	上環普仁街	東華醫院擴建落成	
1937 年	薄扶林道	瑪麗醫院落成	以英皇喬治五世的皇后瑪麗命名
1955 年	西營盤醫院道 30 號	贊育醫院遷至上址	
1993 年	東區柴灣樂文道 3 號	東區尤德夫人那打素醫院落成	

※ 註：1890 年以前香港所有醫護人員均為男性，1890 年開始第一批女護士從英國抵港，5 年後始有華裔女護士出現。

圖 15

圖 16

類別 / 年份	地點	建築物	備註
五、學校			
1843 年	灣仔皇后大道東摩利臣山	馬禮遜教育學院落成	由紀念馬禮遜的馬禮遜教育協會創辦於 1839 年的澳門，1842 年 11 月從澳門遷港，是當時香港規模最大、聲譽最隆的學府。 1849 年，由於拒絕與倫敦傳道會合併以及其美國教會背景，在官方的壓力下被迫宣佈結束。
1843 年	士丹頓街與鴨巴甸街交界	英華書院	由倫敦傳道會理雅各牧師創辦
1846 年	不詳	英華女學	由理雅各夫人創辦
1851 年	下亞厘畢道鐵崗會督府	聖保羅書院	前身為 1843 年由聖公會史丹頓牧師創辦的神學院，曾於 1848 年落成的第一幢會督府建築物內上課。
1860 年	西營盤第三街	拔萃書院	原為女子學校，1869 年才兼收男生。1924 年因校舍不敷應用，改在何文田建設新校。
1860 年	堅道	嘉諾撒聖心書院	由意大利天主教嘉諾撒修女創辦
1862 年	歌賦街與城隍街交界	中央書院落成	前身為浸信會，位於歌賦街近百步梯。
1869 年	堅尼地道	聖方濟各嘉諾撒書院	
1875 年	花園道	聖若瑟書院成立	前身為創辦於 1864 年的救主書院 (St. Saviour's College)，由天主教喇沙會創辦，規模龐大。
1876 年	堅道 9 號	聖若瑟書院遷至上址	
1881 年	羅便臣道 8 號	聖若瑟書院再遷上址	1918 年校舍毀於地震
1887 年	荷李活道與鴨巴甸街交界	香港醫學院落成	設於雅麗氏紀念醫院內
1889 年	荷李活道與鴨巴甸街、士丹頓街及城隍街之間。	新中央書院（圖 15）落成，並易名為維多利亞書院，1894 年再易名為皇仁書院。	
1891 年	筲箕灣	嘉諾撒修院學校	
1893 年	歌賦街（原中央書院所在）	新中央女子書院落成啟用，後改名為庇理羅士女子公立學校	1913 年擴展至荷李活道
1898 年	西摩道	英華女學搬遷至此	
1900 年	般含道 8 號	英華高等女子學堂創辦，十多年後易名為英華女學校。	中間經歷 5 次重建及擴建，最後一次為 1967 年，自此正式地址改為羅便臣道 76 號。
1903 年	般含道與西邊街交界	聖士提反書院落成開幕	

類別 / 年份	地點	建築物	備註
1906 年	堅道 35 號	聖士提反女子書院創辦	英國聖公會屬下的海外傳道會創辦
1908 年	堅道 27 號	聖士提反女子書院遷往上址	1918 年校舍毀於地震
1912 年	般含道	香港大學本部樓（圖 16）落成	1908 年，股商摩地建議成立，並捐出巨款。1910 年由港督盧吉奠基。建校初期只有醫學院和工學院，共有學生 72 人。
1914 年	堅道 2 號	聖保羅女書院創辦	
1919 年	荷李活道 60 號	華仁書院落成	後華仁書院曾遷往莫士奇街（Mosque St.，即嚤囉廟街）33 號
1920 年	堅道 99 號	聖保羅女書院遷至上址	
1921 年	羅便臣道 2 號	華仁書院遷往上址	
1921 年	堅尼地道 7 號	聖若瑟書院新校舍落成	1946 年拆卸重建
1923 年	薄扶林道	聖士提反書院遷往上址	
1924 年	列提頓道	聖士提反女子書院新校舍落成	
1926 年	般含道與西邊街交界	英皇書院落成	前身為創辦於 1879 年的西營盤學校，1928 年由港督金文泰主持揭幕。
1927 年	麥當勞道與堅尼地道之間	聖保羅書院新校舍落成	
1928 年	赤柱	聖士提反書院遷往上址	
1950 年	般含道	聖保羅男女中學	由聖保羅書院與聖保羅女書院合併而成，1959 年西翼校舍落成，1968 年拆卸歌老徑 2 號校舍進行擴建。
1950 年	香港大學聖約翰堂原址	聖保羅書院復課	
1950 年	銅鑼灣高士威道現址	皇仁書院遷往上址	1941 年，皇仁書院被日軍炸毀，戰後才得以重建復課。
六、警署和法院			
1841 年	皇后大道中近泄蘭街	高等法院	
1845 年	荷李活道太平山區的差館上街	中央警署	1844 年香港警隊成立，1857 年重建，1864 年結束並出售。
1846 年	皇后大道中與畢打街之間（現華人行）	新高等法院開始辦公	租用的建築物原為顛地洋行的茶葉交易所，1847 年港府出資購買。
1847 年	香港仔	香港仔警署興建	
1847 年	灣仔皇后大道與迪龍里交界	三號警署落成	1903 年拆卸，原址改建為灣仔郵局。
1850 年代	太平山區	八號警署落成	1894 年，因疫症而遭拆卸。
1853 年	堅道與卑利街交界	九號警署落成	1858 年招標重建，後來停用，地段於 1897 年售出。

圖 17

圖 18

圖 19

類別 / 年份	地點	建築物	備註
1853 年	渣甸山（現利園山）	一號警署	
1856 年	上環南北行對開海面	水師（水上警署）	
1857 年	皇后大道中與威靈頓街交界	五號警署落成	1868 年消防隊成立，並設於五號警署內。後來該警署改作消防局用途。
1858 年	皇后大道西與薄扶林道交界	西營盤七號警署落成	
1859 年	赤柱	赤柱警署興建	
1861 年	薄扶林	薄扶林警署	
1861 年	筲箕灣	筲箕灣警署落成	
1863 年	軍器廠街以東	四號警署落成	
1864 年	荷李活道與奧卑利街交界	新中央警署（圖 17）落成	1919 年擴建完成
1868 年	灣仔道與海旁東約（後來的莊士敦道）交界	二號警署（圖 18）落成	
1869 年	鑪峰峽	裁判司署大樓落成	
1869 年	鑪峰峽	六號警署落成	
1871 年	銅鑼灣威非路道	威非路警署	
1886 年	歌賦山	山頂警署落成	
1887 年	新填地堅尼地城	堅尼地警署落成	
1891 年	香港仔	香港仔新警署（圖 19）落成	
1890 年代	醫院道	八號警署遷至上址	1926 年，醫院道及普慶坊一帶山泥傾瀉，八號警署亦被波及。
1902 年	皇后大道西與薄扶林道交界	七號警署改建	1955 年遷往德輔道西與西邊街交界，聖彼得教堂及水手館舊址。
1911 年	灣仔道與海旁東約（後來的莊士敦道）交界	二號警署擴建完成	
1912 年	德輔道中與昃臣道間	高等法院大樓落成	1978 年因地鐵工程影響，迫得另覓炮台里法國傳道會大樓（現終審法院）辦公。1985 年經修葺後重新使用，作為立法局大樓。
1914 年	亞畢諾道	新中央裁判司署落成	
1928 年	高街	八號警署遷至上址	1930 年代拆卸重建，1935 年落成。
1983 年	金鐘（原域多利亞兵房）	新高等法院大樓落成	
七、發鈔銀行			
1845 年	皇后大道中近砵甸乍街（即現時的萬宜大廈）	東藩匯理銀行（The Oriental Bank Corporation）	香港第一間銀行及發鈔銀行，首次發鈔為 5.6 萬多港元。1884 年倒閉，後經重組，易名為泰豐銀行，曾經營一短暫時期。

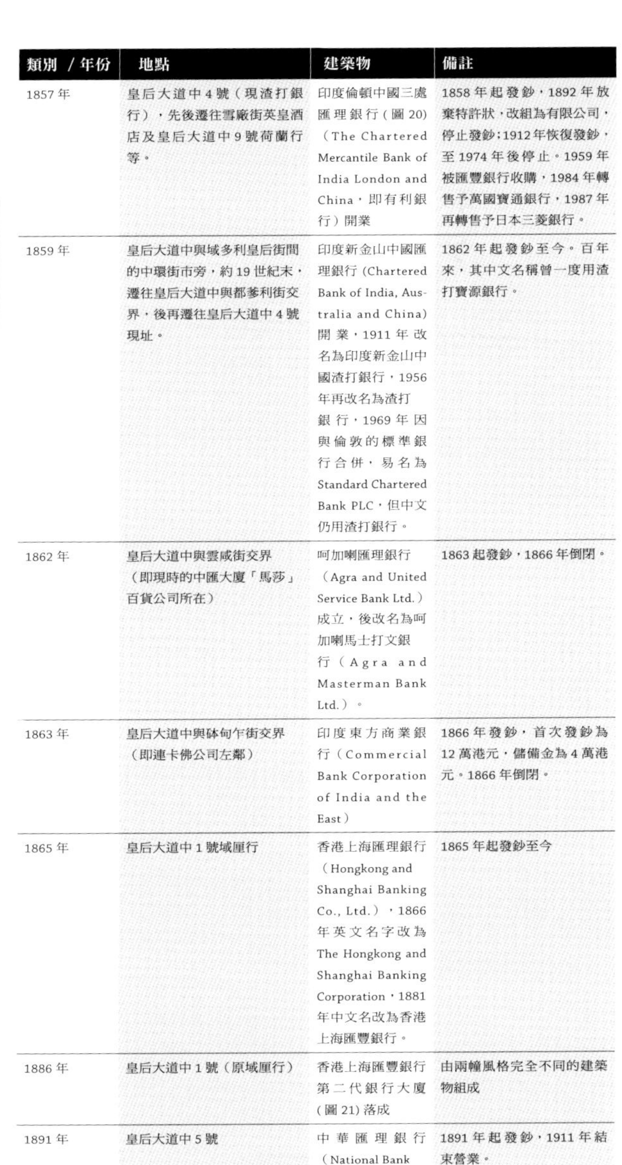

類別 ／年份	地點	建築物	備註
1857 年	皇后大道中 4 號（現渣打銀行），先後遷往雪廠街英皇酒店及皇后大道中 9 號荷蘭行等。	印度倫頓中國三處匯理銀行（圖 20）（The Chartered Mercantile Bank of India London and China，即有利銀行）開業	1858 年起發鈔，1892 年放棄特許狀，改組為有限公司，停止發鈔；1912 年恢復發鈔，至 1974 年後停止。1959 年被匯豐銀行收購，1984 年轉售予萬國寶通銀行，1987 年再轉售予日本三菱銀行。
1859 年	皇后大道中與域多利皇后街間的中環街市旁，約 19 世紀末，遷往皇后大道中與都爹利街交界，後再遷往皇后大道中 4 號現址。	印度新金山中國匯理銀行 (Chartered Bank of India, Australia and China) 開業，1911 年改名為印度新金山中國渣打銀行，1956 年再改名為渣打銀行，1969 年因與倫敦的標準銀行合併，易名為 Standard Chartered Bank PLC，但中文仍用渣打銀行。	1862 年起發鈔至今。百年來，其中文名稱曾一度用渣打寶源銀行。
1862 年	皇后大道中與雲咸街交界（即現時的中匯大廈「馬莎」百貨公司所在）	呵加喇匯理銀行（Agra and United Service Bank Ltd.）成立，後改名為呵加喇馬士打文銀行（Agra and Masterman Bank Ltd.）。	1863 起發鈔，1866 年倒閉。
1863 年	皇后大道中與砵甸乍街交界（即連卡佛公司左鄰）	印度東方商業銀行（Commercial Bank Corporation of India and the East）	1866 年發鈔，首次發鈔為 12 萬港元，儲備金為 4 萬港元。1866 年倒閉。
1865 年	皇后大道中 1 號域厘行	香港上海匯理銀行（Hongkong and Shanghai Banking Co., Ltd.），1866 年英文名字改為 The Hongkong and Shanghai Banking Corporation，1881 年中文名改為香港上海匯豐銀行。	1865 年起發鈔至今
1886 年	皇后大道中 1 號（原域厘行）	香港上海匯豐銀行第二代銀行大廈（圖 21）落成	由兩幢風格完全不同的建築物組成
1891 年	皇后大道中 5 號	中華匯理銀行（National Bank of China Limited）成立	1891 年起發鈔，1911 年結束營業。

圖 20

圖 21

圖 22

圖 23

圖 24

圖 25

圖 26

類別 / 年份	地點	建築物	備註
1890 年代末	皇后大道中與都爹利街交界	印度新金山中國匯理銀行遷至上址，1911 年改名為印度新金山中國渣打銀行（The Standard Chartered Bank）。	稍後再遷往皇后大道中 4 號，1950 年代中曾改建。
1921 年	皇后大道中 4 號	中國銀行（Bank of China）	前身為大清銀行，始創於 1917 年，初期辦公室位於干諾道中德忌利士碼頭對面；後遷往皇后大道中與都爹利街街口。
1935 年	皇后大道中 1 號合併右鄰部分舊大會堂	香港上海匯豐銀行第三代銀行大廈（圖 22）落成	當時為遠東最高的建築物
1950 年	德輔道中 2 號舊大會堂	中國銀行大廈落成（圖 23）	
1956 年	皇后大道 4 號	新渣打銀行大廈重建落成	1990 年重建落成
1985 年	皇后大道中 1 號	香港上海匯豐銀行第四代銀行大廈落成。1990 年代英文名稱再改為 The Hongkong and Shanghai Banking Corporation Ltd.。	新建大廈耗資 50 億港元
1990 年	花園道口美利樓舊址	新中國銀行大廈落成	當時為全港最高的建築物，1994年5月1日起發鈔至今。
八、戲院			
約 1867 年	上環街市街（1909 年改名為普慶坊）與墳墓街（1869 年改名為普仁街）之間	同慶戲園（Tung Hing Theatre），19 世紀末，改名為重慶園或重慶戲院。	1869 年，英國愛丁堡公爵訪港，華人團體特在此上演粵劇，以娛貴賓。20 世紀初開始放映電影。1910 年代初結業。
約 1870 年	皇后大道西及和風街、甘雨街與高陞街之間。	高陞戲園（圖 24）（Ko Shing Theatre）落成，約 1955 年改名為高陞戲院。	1900 年兼放映電影，20 世紀初曾經重建，戲院內附有一間頗高級的武昌酒樓。1971 年結業拆卸。
1903 年	中環街市街對開德輔道中之新填地段（現為恆生銀行總行）	奄派亞戲院（Empire Theatre），約 1919 年改名為和平戲院。	1905 年失火被焚，後用工字鐵重建一簡陋的電影院，是一間招待普羅市民的廉價影院。易名為和平戲院後，曾發生一宗名伶李少帆在演出期間被人開槍擊斃的慘案。1921 年，和平戲院遭拆卸，並改建為中區消防局。
1904 年	皇后大道西與德輔道西之間，與屈地街的煤氣廠房毗鄰。	太平戲院（Tai Ping Theatre）落成	當時最大的戲院，與高陞戲院成為華人團體款待英皇室成員的場所。1970 年代中被拆卸，建成華明中心。
約 1907 年	雲咸街舊香港會所背後	比照戲院（圖 25）（Bijou Theatre）	由一間會所改建而成，以放映西片為主。

圖 27

圖 28

圖 29

圖 30

圖 31

類別 / 年份	地點	建築物	備註
1911 年	砵甸乍街與德輔道中交界（即現時的永安集團大廈）	域多利戲院（圖 26）（Victoria Theatre）	當時最豪華的戲院。1920 年代初拆卸，並改建為荃核行。
約 1911 年	皇后大道中與戲院里之間	香港影畫戲院（圖 27）（Hong Kong Theatre）	1922 年結業拆卸，1924 年改建皇后戲院落成。
約 1911 年	疫症區九如坊地段，大門面向安和里（二奶巷）。	新戲院（New Theatre）或稱九如坊戲院（Kau Yu Fung Theatre）	1950 年代中拆卸，建成中區健康院。
約 1919 年	舊比照戲院原址 德忌笠街（現德己立街）處	新比照戲院（New Bijou Theatre）	1920 年代末拆卸，連香港會所舊址，改建為娛樂戲院。
1921 年	德輔道中與林士街交界	新世界影畫戲院（圖 28）（World Theatre）落成，1970 年代初改名為恆星戲院。	1980 年代初拆卸，建成維德廣場。
1921 年	石塘咀	新新影畫戲院啟業	
1924 年	皇后大道中與戲院里之間（原香港影畫戲院所在）	皇后戲院（Queen's Theatre）	當時最豪華的戲院。日佔時期，皇后戲院改名為明治劇場。1950 年代末拆卸重建，新的皇后戲院於 1961 年落成。
1924 年	皇后大道東與春園街之間	香港大戲院（Hong Kong Theatre）落成，又稱香港大舞台。	以放映粵語片及上演粵劇為主。1973 年拆卸，連同附近地段建成當時最高的合和中心。
1925 年	波斯富街	利舞台（圖 29）（Lee Theatre）啟業	為一高級戲院，最先設有女帶位員。1991 年拆卸，建成利舞台廣場。
約 1925 年	西營盤水街與第三街	西園戲院落成	
1930 年代	灣仔駱克道與馬師道交界	國民戲院（National Theatre）	1970 年代拆卸
1931 年	皇后大道中、雲咸街與德忌笠街之間（即香港會所舊址、比照戲院及新比照戲院原址）。	娛樂戲院（King's Theatre）落成	為最早有冷氣設備的戲院。1963 年拆卸重建，1980 年代中原擬再度歇業拆卸，但因市道不景，取消拆卸復業。直至 1990 年代初始拆卸，並建成娛樂行。
1931 年	皇后大道中、餘慶里與弓絃巷（竹樹坡）之間	中央戲院（圖 30）（Central Theatre）落成	為一歌德式圓頂之建築物，附設餐廳及首設電梯。1971 年拆卸，建成中央大廈。
1932 年	灣仔菲林明道	東方戲院（圖 31）（Eastern Theatre）落成	以放映二輪西片為主。1980 年代初連同右鄰的英京酒家，改建為大有大廈。
約 1935 年	灣仔蘭杜街	中華戲院（Chung Wah Theatre）落成	1952 年改建為麗都戲院，1981 年再改建為麗都大廈。
1939 年	灣仔道	國泰戲院	1980 年代改建，1999 年再度拆卸。
1940 年	筲箕灣	筲箕灣戲院	
1940 年	不詳	東區戲院落成	
1949 年	怡和街與糖街	樂聲戲院（Roxy Theatre）	1970 年代初拆卸，建成樂聲大廈。

圖 32

類別 / 年份	地點	建築物	備註
1950 年代前	香港仔大道	香島戲院（Island Theatre）	1980 年代拆卸
1950 年	灣仔駱克道近杜老誌道	環球戲院（Universal Theatre）	1970 年代拆卸
1951 年	西營盤第三街近西邊街	真光戲院	1970 年代拆卸
1951 年	石塘咀和合街與南里之間	金陵戲院	1970 年代拆卸
1952 年	北角英皇道	璇宮戲院（Empire Theatre），1958 年改名為皇都戲院。	1996 年結業
1954 年	北角英皇道與錦屏街交界	都城戲院（Metropolitan Theatre）	1960 年代拆卸，建成新都城大廈。
1955 年	筲箕灣道近海富街	金星戲院（Gold Star Theatre）	1970 年代拆卸
九、地下公共廁所			
1900 年代初	第二街與西邊街交界	公共廁所	廁所仍在，但不開放。
1902 年	花園道與皇后大道交界（即美利操場地下，現時的長江中心）	公共廁所	已不存在
1911 年	皇后大道西雀仔橋地下	公共廁所	廁所仍在，但不開放。
1913 年	鴨巴甸街及士丹頓街交界（皇仁書院旁）	公共廁所	廁所仍在，但不開放。
1913 年	威靈頓街與皇后大道中交界（即俗稱「水車館」的消防局旁）	公共廁所	仍然開放，其入口處為皇后大道中。
1914 年	德忌笠街和和安里交界	公共廁所	已不存在
1914 年	砵甸乍街（又名石板街）與皇后大道中之間	公共廁所	廁所仍在，但不開放。
十、遊樂場			
1903 至 1904 年間	跑馬地黃泥涌道	愉園啟業	現時成為養和醫院的局部
1915 年	堅尼地城太白台	太白樓遊樂場	每晚有煙花表演助興
1918 年	北角名園西街海濱	名園啟業	當時成立的名園石塘咀公眾汽車公司，從名園至中、上環及石塘咀，共有 4 輛巴士行走，服務時間為下午 5 時至零晨 1 時，車費每位 3 毫。
1924 年	銅鑼灣利園山	利園遊樂場	
1936 年	東區大坑道	虎豹別墅（圖 32）	富商胡文虎創建，免費供遊人觀賞，1999 年其後人胡仙將之轉讓 予富商李嘉誠。

附錄：
港島主要街道興建時間及索引（1841-1940）

※ 註：本書英文譯名以戰前的一般譯法為準。

永吉街	Wing Kut Street 46
永和街	Wing Wo Street 34, 37
機利文新街	Gilman's Bazaar
德忌利士街	Douglas Street 68
筲箕灣道	Shaukiwan Road 30, 87, 90, 97
禮頓道	Leighton Road 28, 29, 41, 89
大王東街（原名 Lyall's Lane）	Tai Wong Street East 75

1871 — 1890 年	
寶雲道	Bowen Road 39, 80, 91
堅尼地道	Kennedy Road 28, 70, 72, 75, 88, 92, 93
堅尼地城新海旁	Kennedy Town New Praya
卑路乍街	Belcher's Street 50, 51
遮打街（吉席街）	Chater Street（Catchick Street） 50
加多近街	Cadogan Street 50
爹核士街	Davis Street
山道	Hill Road 29, 50, 52, 53, 85, 90, 91
域多利皇后街	Queen Victoria Street 24, 56, 58, 90, 95
租庇利街	Jubilee Street 24, 25, 48, 56, 57, 63, 90
保良局新街（新街）	Po Leung Kuk New Street 49
九如坊	Kau U Fong 66, 96
善慶街	Shin Hing Street 66, 67
美輪里（街）	Mei Lun Lane（Street） 66, 67

1891 — 1900 年	
昃臣道	Jackson Road 94
遮打道	Chater Road 59
美利道	Murray Road 56, 70
干諾道中	Connaught Road Central 24, 37, 39, 56, 57, 58, 59, 64, 65, 68, 95
干諾道西	Connaught Road West 45, 68
威利麻街	Wilmer Street 64
白加道	Barker Road 91

1901 — 1910 年	
摩利臣山道	Morrison Hill Road 29
域多利道	Victoria Road 50, 55
士美菲道	Smithfield Road 50
干德道（早期街名為薄扶林干讀道及干讀道）	Conduit Road 34, 38
太吉街	Tai Kut Street
太祥街	Tai Cheong Street
太富街	Tai Foo Street
太康街	Tai Hong Street
太寧街	Tai Ning Street
太安街	Tai On Street 30, 90
日街	Sun Street 70

月街	Moon Street 70
星街	Star Street 70
電氣街	Electric Street 70
永豐街	Wing Fung Street
堅拿道	Canal Road 40, 41, 70
寶靈頓道	Bowrington Road 70
渣甸坊	Jardine's Crescent 80
怡和街	Yee Wo Street 80, 97
邊寧頓街	Pennington Street 80

1911 — 1920 年	
李節街	Li Chit Street 70
利東街	Lee Tung Street 70
蘭杜街	Landale Street 70, 97
晏頓街	Anton street 70
司徒拔道（舊名史塔士道）	Stubbs Road 80, 82
波斯富街	Percival Street 97

1921 — 1930 年	
淺水灣道	Repulse Bay Road 80
大坑道	Tai Hang Road 80, 98
大潭道	Tai Tam Road 80
馬己仙峽道	Magazine Gap Road 79, 80
樂活道	Broadwood Road 80, 82

1931 — 1940 年	
軒尼詩道	Hennessy Road 41, 70, 73, 79, 89
高士打道	Gloucester Road 70
謝斐道	Jaffe Road 70
分域街	Fenwick Street 76-77
盧押道	Luard Road 75, 78
柯布連道	O'Brian Road
菲林明道	Fleming Road 78, 97
駱克道	Lockhart Road 70, 97
史釗域道	Stewart Road
杜老誌道	Tonnochy Road 97
馬師道	Marsh Road 97
英皇道	King's Road 80, 85, 86, 88, 97, 98

參考書目

1. *Hong Kong Annual Report*, Hong Kong Government, 1880-1970.

2. *Hong Kong Blue Book*, Hong Kong Government, 1877-1910.

3. *Hong Kong Government Gazette*, 1853-1938.

4. E. J. Eital *Europe in China, the History of Hong Kong from the Beginning to the year 1882*, Kelly and Welsh Co., 1895.

5. G. B. Endacott *A History of Hong Kong*, Oxford University Press, 1973.

6. *Historial Statistical Abstract of the Colony of Hong Kong 1841-1930*, Third Edition, Noronha and Company, 1932.

7. Geoffrey Robley Sayer *Hong Kong 1862-1919*, Hong Kong University Press, 1985.

8. Anthony Dyson *From the Time Bell to Atomic Clock*, A Hong Kong Government Publication, 1983.

9. *Picturing Hong Kong: Photography 1855-1910*, New York: Asia Society Galleries, 1997.

10. *South China Morning Post* （1903 年起名《南清早報》，1911 年後中文名改為《南華早報》）.

11. Essays of *Journal of the Royal Asiatic Society*, The Royal Asiatic Society, Hong Kong Branch.

12. 《華字日報》，1895-1934 年。

13. 《華僑日報》，1925-1935 年。

14. 《華僑日報》主編《香港年鑑》，1948-1949 年。

15. 王齊樂《香港中文教育發展史》，香港：三聯書店，1996 年。

16. 金應熙《金應熙香港今昔談》，北京：龍門書局，1996 年。

17. 白德著、招紹瓚譯《香港文物志》，香港：市政局，1991 年。